CÍRCULOS CONCÉNTRICOS

YANG LIAN

CÍRCULOS CONCÉNTRICOS

Traducción de Frances Simán, Katherine M. Hedeen
y Víctor Rodríguez Núñez

VISOR LIBROS

VOLUMEN MCCXLVIII DE LA COLECCIÓN VISOR DE POESÍA

Título de la versión original: 同心圆. 上海:上海文艺出版社, 1998
Título de la versión al inglés: *Concentric Circles.* Trad. Brian Holton y Agnes Hung-Chong Chan. Northumberland, Gran Bretaña: Bloodaxe, 2005

Cubierta: YoYo, *Frozen & Fragrance*

Isaac Peral, 18 - 28015 Madrid
www.visor-libros.com

ISBN: 978-84-9895-598-9
Depósito Legal: M-25097-2024
Impreso en España - Printed in Spain
Gráficas Muriel. C/ Investigación, n.º 9. P. I. Los Olivos - 28906 Getafe (Madrid)

YANG LIAN O «LA REALIDAD SIEMPRE SE INTENSIFICA»

El lector de lengua española tiene acceso, por primera vez, a la extraordinaria obra de Yang Lian, «la voz más importante de la lírica china moderna», según la sinóloga sueca Irmy Schweiger. Se trata de una obra considerable y diversa, integrada por catorce libros de poesía, dos colecciones de prosa y una selección de ensayos, que ha sido traducida a más de veinte idiomas. Con justicia, esta poesía ha recibido notables reconocimientos internacionales, como el Premio de Literatura Zbigniew Herbert, de Polonia, este mismo año. Muy temprano en la trayectoria de Yang, Allen Ginsberg advirtió que nuestro poeta «se distingue por representar el dolor de la vida atrapada entre eras históricas», y «se propone una nueva versión de un viejo problema...: cómo seguir escribiendo, confiar en la inspiración individual en lugar de en la inspiración comunitaria impuesta». La síntesis lograda por esta lírica, que desafía tanto el romanticismo como el realismo, resulta sin lugar a dudas ejemplar.

Yang Lian nació en Berna, Suiza, en 1955, y creció en Beijing, en una familia de intelectuales. Su educación, como la de la mayoría de sus coetáneos, se vio interrumpida por la Revolución Cultural (1966-1976). En esta especie de guerra civil, considerada «la década perdida» de la historia contemporánea de China, millones de personas fueron enviadas a sitios remotos del país, bajo el lema de «Arriba a las montañas y abajo al campo». En 1974, el joven Yang fue destinado al condado de Changping, cerca de Beijing, para someterse a la «reeducación por medio del trabajo». Allí realizó una variedad de tareas manuales, incluida la excavación de tumbas, y comenzó a escribir poesía. En 1977, cuando la Revolución Cultural había terminado y Mao Zedong había muerto, regresó a Beijing, donde trabajó en el servicio de radiodifusión estatal. Sus poemas se hicieron notorios dentro y fuera de China cuando se publicó su secuencia *Norilang* (el nombre de una cascada en el Tíbet) en 1983.

A Yang Lian se le considera parte del célebre grupo de los Poetas Brumosos, que desde finales de la década de 1970 confrontaron las restricciones de la Revolución Cultural. Su nombre viene de la descalificación de su obra, considerada por la prensa oficial china como opuesta a la «claridad» del realismo socialista; es decir «oscura», «neblinosa», «brumosa». Según uno de sus creadores más prominentes, Gu Cheng, esta lírica «comienza con un realismo objetivo, pero vira hacia un realismo subjetivo; pasa de una reacción pasiva a una creación activa». El movimiento tuvo su tribuna inicial en la revista *Jintian* (Hoy), fundada por Bei Dao y Mang Ke, y publicada desde 1978 hasta 1980, cuando fue prohibida; reapareció en Suecia en 1990 como un foro para escritores chinos expatriados. Otros poetas relevantes de este grupo son Shu Ting, He Dong, Duo Duo, Ha Jin y Xi Chuan. Sus obras han tenido una fuerte influencia en las letras del rock de su país, así como en la poesía de minorías étnicas como los uigures.

Yang Lian tuvo que exiliarse en 1989 debido a su reprobación del gobierno chino por los sucesos de la Plaza Tiananmén. Había sido invitado, un año antes, a dar lecturas y conferencias en Australia y Nueva Zelanda, y no pudo regresar a su país, comenzando su dilatado peregrinaje por el mundo. En la actualidad, tiene las ciudadanías neozelandesa y británica, y reside en Londres y Berlín. Afortunadamente, nuestro poeta ha sido reclamado desde su tierra, y en años recientes ha enseñado en las universidades de Nanjing, Hebei, Yangzhou y Shantou, y participado en varios eventos poéticos. Durante todos estos años, tanto por escrito como de viva voz, sus intervenciones políticas han tenido eco, y es miembro de la Academia Noruega de Literatura y Libertad de Expresión. Para el jurado que lo distinguió con el Premio Internacional de Literatura Nonino 2012, de Italia, nuestro poeta «escribe como un exiliado no sólo de su tierra, llevando su mirada al límite extremo. Un exiliado absoluto y un poeta profundo y distante mucho más allá de nuestro espacio-tiempo».

La obra de Yang Lian muestra una profunda comprensión de (y vínculos creativos con) la poesía clásica china, sin renunciar a la ruptura ni perder la perspectiva contemporánea sobre nuestras sociedades y culturas. Al otorgarle en Italia el Premio Sulmona 2019, el jurado destacó que su lírica «de valor universal se convierte así en el mejor puente posible entre la tradición china y la cultura occidental». Por su parte, el poeta británico W. N. Herbert ha destacado que nuestro poeta tiene «una sensibilidad occidentalista y modernista aliada con una sensibilidad china antigua, casi chamánica. Puede emocionar y asustar a la vez». Y V. S. Naipaul ha apuntado que, afincado en «la raíz milenaria de su cultura, Yang Lian la reinterpreta reinventándola y abriéndola a las tensiones de la contemporaneidad, tocando en sus líneas todas las grandes cuestiones de nuestra existencia y recordándonos que "la poesía es nuestra única lengua materna"».

Círculos concéntricos es uno de los libros más representativos de Yang Lian; a juicio de Herbert, por su «intrincada, impactante y barroca obra maestra». Aquí, entre otras virtudes, el sentimiento deviene pensamiento; la imaginación, experiencia, y el lenguaje, contenido. Para el poeta inglés David Morley, el estilo de Yang Lian «es de una grandeza y una ambición extraordinarias», y lo recorre «un impulso monumental, una fuerza sensual y una claridad intelectual». Un caso de poesía dialógica en todo su esplendor, identificada con la otredad, que requiere un lector activo, participante en la producción de sentido. Una lírica que tiene en cuenta su esencia oral, y que se opone a toda ideología al desnaturalizar el mundo y el lenguaje. En fin, uno de esos sitios bellos y útiles donde, gracias a la acción poética, «la realidad siempre se intensifica». La presente versión fue realizada del inglés a partir de *Concentric Circles* (traducción de Brian Holton y Agnes Hung-Chong Chan, Northumberland, Gran Bretaña, Bloodaxe, 2005).

Víctor Rodríguez Núñez
Madrid, octubre de 2024

CAPÍTULO UNO

I

miedo al frío desamparado por el frío
la pálida elevación de rocas abandonada por la ceguera
de las rocas
el estridente otoño   de árboles atrofiados
sustraído de entre los troncos de los árboles

entonces el viento   no entre ramas marchitas sino
entre huesos humanos
no cáscara de fruta sino audiencia en descomposición
no para frotar las alas sino para bruñir el antiguo coro
de metales

los muertos se arrojan a través de la densa niebla   dejan
la muerte tras de sí
los campos vacíos   oscura visión donde los surcos
desprenden olor a guiso
las nueces congeladas abiertas una por una
entre direcciones de vino por copa   un océano
colorido y cruel
cada minuto vacía una catedral donde se guardan
nuestros miedos

sustraídos   hasta la suma de la destrucción

II

siempre existe lo que apenas se escucha en un lóbrego
corredor
zumba en los oídos va más allá de los oídos

a nivel del mar de piedra
el sonido rompe el acorde de hueso de pájaro
persigue en reversa un cuerpo que padece dolor
nuestros cuerpos renacidos una y otra vez por un par
de órganos rosa

la realidad siempre se intensifica brota de un túnel
de viento
mil cactus casados con la noche de un compositor
desde lo alto órbitas vacías de cabras rebasan nuestro aire

el sonido se aleja orejas destrozadas

III

el miedo   entre valle y valle los lunares hidatidiformes
    que destilan
miedo   entre el oro y las doradas
        ruinas del hombre
el brillo del órgano de tubos   vadea el río orinado por
    un bebé que moja la cama
la luz solar   silencio de por vida desprendido por
    una nube
        lo que se escucha
siempre manosea la llama de vello púbico entre los
    sueños
entre los días   un vientre suda en el cielo de
    medianoche
el silencio   abre la negra partitura de rayón

teme nuestra temeridad   entre senderos de montaña
juncos de pájaros afilados no temen arañar la mañana
siéntate   no temas ninguna silla
debes confiar en los huesos blancos que sobresalen
    de la yema de los dedos   pon atención
    al espectáculo
deslumbrantes tripas lloronas de ancianas

el rostro tallado en la inscripción   mientras más
    escuchas más es como el tuyo
sangre que resuena en una tormenta de cera
      fatigosas rodillas de ancianas
quédate cerca   azota   innumerables rodillas
    inflamadas rojizas y pálidas
el coro   se arrodilla sobre una rosa de cristal sin miedo
permite a las lenguas marrones lamer el rocío
no temas la vergüenza   así que haz tu mejor esfuerzo
    para reproducirte

nosotros que somos reproducidos por el miedo   a
    construir la cima de una montaña
    a ser escuchados por lo que nunca se puede escuchar y
a convertirse   en lo más tierno entre fantasma y
    fantasma
entre hablar y hablar nieve inmaculada brillante en las
    cuatro estaciones
expone el cero absoluto de lingüística del cuerpo
      confirmado por fallas mortalmente pálidas
entre rugosos vientres azules   una distancia que no se
    puede llenar

IV

la poesía imposible una rendición universal
las lenguas golpean el rostro del tambor imposible
sin dar alcance a la verdad

aquellos renuentes a ser imagen congelada fijados
en una nevisca iluminada por velas
leídos por un tufo a bacalao que aterra las fosas nasales
el cielo porno que desea condenados a muerte lee
el mapa aburrido ahora de leer

aquellos encallados en el cerebro de oro
cada día empujan un muro de cemento extinto hacia
los sordos

el cuchillo que nos extirpó ensaya latidos en el plato

imposible los vivos no son parte de las hojas caídas
al pie de los árboles
la mariposa clavada en la pared imposible que no sea
un pavo real
pierden el tiempo la muerte es el único jardín
imposible no excretar bodas en las praderas de los
sábados

los besos atronadores   pegados al infinito para crear
piedras que hostigan los ojos

cuando el habla es abandonada por los sin habla   el
último día que alienta
es abandonado por los días   una ventana grasienta en
ninguna dirección
intransitable   muestra la única caída

V

el otoño vibra entre los ahora como un enloquecido
instrumento musical

en la misa dorada la memoria se encoge
los cuerpos   cuando son repasados por un rayo de
luz entre los cuerpos
nosotros   somos el flujo de barro que forma un
ardiente aliento rojo

solo cuando los rostros son destino el entonces es el ahora

los pulmones   aprietan un negro radical más
profundo que nosotros
las bestias cubren cuidadosamente el calcio plateado
de los huesos
una distancia en la enfermedad
cuando inalcanzable   se ve por este rancio eructo
ciego   luego presionado bajo un pisapapeles
oceánico   escrito

los perros ladran ferozmente   impulsan el ahora hacia
una palabra
sin palabras   solo así sobra el ahora

una montaña guarda el peso de la música que
aguanta a lo largo de su vida
un órgano de tubo se pone dientes postizos para
mentir
dice   carne sin romper   frío arpegio blanco que
ha ido muy lejos durante la noche
mudo   a sembrar los brillantes granos de trigo de
insectos muertos

la sustracción   la gramática que organiza un ejército
solitario
usa nuestros ojos   para organizar el dolor agotado de la
luz solar
a golpear una baya hasta que silente se torna púrpura el
pus que depositó
los testículos cuelgan en soledad   eliminan el ahora de
la realidad

CAPÍTULO DOS

HASTA

hasta que el cielo sea como un busto que se sale de un
cuello
sostenido por unas manos horribles   tus manos
hasta que la muerte lenta   muestre una violencia más
clara

hasta que un violín borracho a muerte haya mudado sus
plumas
hasta que un pájaro vuele hacia la estructura blanca
como la nieve de su propio cráneo
un par de órbitas sin carne mira por la ventana

viento mirón   la sangre paralizada por doce meses
el humo espeso en la chimenea siempre parece ser la
última vez
ennegrece una garganta horrible   tu garganta

recuerdo   sin recordar hasta la transparencia
el otro   cada uno lanzado con el cuello roto a otro
lugar
la tormenta   hasta que el diminuto corazón
guarda-tormentas

utilizar la violencia más evidente   exhibir la muerte lenta
esta horrible podredumbre   tu podredumbre
como un cero sin salida

como un grito   que expande su territorio hasta esta noche
esta noche   expande su rostro hacia el océano de vientre tatuado
el mar cedido a un marco dorado hasta que

sin dolor   más grave que el dolor de cabeza
el cielo entero un clavo que no se puede halar
pero es martillado   hasta que la cabeza de este pájaro sin morir al pensar se pudra

hasta que nadie pueda llegar al final
hasta que lo imposible   siempre te utilice para anegar el final
hasta que la muerte lenta   te levante a medianoche

viento   la sangre paralizada por doce meses muestra una violencia más evidente
hasta que tu cabeza es el único horror
sin carne color nieve inmaculada   hasta que   tu barro salpique por todas partes

ENTONCES

entonces sigues moribundo   agonizante en el yeso
entonces la nieve negra dentro del útero sigue cayendo
entonces el rostro no lo es mientras el dolor ardiente en
    el rostro lo es

la herida no lo es mientras la edad madura preservada
    por la decapitación lo es
mantenerse despierto no lo es pero dormir más de un
    siglo lo es
los párpados   rezumaban el azul de los ojos

entonces incluso la máscara no lo es
a la luz de la vela   las facciones son un campo a inicios
    de invierno
una manzana de yeso convoca a los negros manzanos

un bebé de yeso convoca a los muertos a través de
    las encías cerradas
entonces se conduce un trineo cargado de audiencias
    para cuatro temporadas
el cielo no lo es   la firma de cuervos de repente lo es

el sonido de la nieve moviéndose sobre las baldosas
la diminuta habitación de cristal   cuando la lengua
    te lame
la piel absolutamente no lo es   entonces los amantes

como aldea empedrada que cuelga dentro de ti
entonces siguen siendo amados   con una frágil belleza
  a la hora de la muerte
entonces emborracharse no lo es mientras que un vaso
  de vino siempre lo es

un millón de mujeres moldeadas por un útero
la torre exquisitamente diseñada   cerrada a luz solar
contigo   solo puede ser

con nada   entonces debe ser
una mirada adormecida una y otra vez moldeada por un
  adverbio
un poema moldea una pared de repulsión que persigue
  a los humanos

entonces la dorada paciencia ya no lo es
entonces   las rosas de yeso al ser inextirpables para
  siempre deben ser cualquier cosa menos
la autopsia citada por tu maquillaje
  funerario   entonces sigue el funeral

YA QUE

ya que no hay fecha   la descuidada sangre sucia por
vencer
ya que el año se cayó del borde de la cama   te sacó
ya que concibió el mal   en sí mismo concebido

lo que envuelve dos trozos de fruta que gotea   envuelve
también un regalo
ya que la soledad se convirtió en tu alimento
el nombre   te vuelve tu propio inquilino

ya que aquellos que dan la espalda a la edad   dieron la
cara a un cumpleaños
ya que la nube arrinconada   se sentó en una desnuda
escalera de caracol
el deslumbrante sexo azul de tigresa   surgido para tu
sexo

los incontables barcos hundidos muestran sus mástiles
sobre el mar de la ciudad
ya que las anclas de supervivencia   enganchadas en
la frente
los cadáveres han estado tirando de una red

ya que el alma que te presionó tan fuerte   presionó tan
cerca de la noche a las cuatro p. m.
ya que el prado verde oscuro se ha llenado de los amargos
celos de un caballo blanco
ya que haber vivido   como vivió la muerte impura

el nombre   te vuelve tu propio inquilino
las instrucciones   siempre limpiadas de una almohada
sucia
los malos sueños que sueñan la linde de cuatro miembros

una bandeja de cajero automático color piel   dibuja de
nuevo el tú de ahora
el pez reluciente de una ambulancia   se lleva tu
presente
ya que cada minuto abandona a aquellos en el minuto
del parto

ya que desde ahora hasta ahora   los huesos rotos en la
coyuntura del pulgar un viaje lejano
ya que la violación nunca pudo terminar
ya que tu enfermedad   se proyectó en un tú sin fin

la vida   entrena a las personas para amar demasiado la
vergüenza
ya que   la destrucción partió desde lejos para volver
a tu propia destrucción
un diente que no se niega a ser enterrado rechaza el tema
del tiempo

CAPÍTULO TRES

quien sea ruina abrirá de par en par el cráneo dorado
quien sea destruido   abrazará el conocimiento
de la luz estelar

la nieve arrecia otra vez   cae directamente entre
asientos invisibles
las cenizas   dispersas en el esqueleto de un hombre
los muertos miran por todas partes
emocionada una gota de agua   crece locamente en la
plateada hierba carnívora
después de la muerte   crece locamente por nuestras
paredes rotas

quien tenga órbitas pedregosas puede dañar
el cielo sin tregua
quien se siente en un centenario de fuego   escucha

el órgano de tubos   aceite hirviendo que aún gotea de
cinco dedos dorados que se encogen
el vidrio sintetizado del niño gotea
entre la nada   sonido del viento   las violentas
imaginaciones del fantasma

el órgano de tubos que vuela entre los cadáveres
tiene excentricidad angelical hace lo que nunca
desaparece en frío

quien escuche entonces ha escuchado

la vida anterior de la piedra carne y sangre vaciadas
para abandonar el molde
el tallo de piedra penetra el invierno para retener
el suplicio
entre nubes de tormenta de piedras nuestras caricias
suben en llanto

una gota de semen aspirada por el calor femenino
en el cuerpo del cielo
un racimo de huevos que cuelga la oscuridad
en que anidan los gusanos
cien riñones se convierten en vocalistas para la luna
susurrante

quien haya vivido en lugares nevados
camina después sobre la punta de la lengua de un loco

la proposición es ilimitada empuja sin límite hacia
un instante
el crepúsculo una proposición reúne la meditación
del fuego entre bóvedas demolidas
la carne de fábula en cada época
rostizada por completo una catedral de nevada
a nevada

sin piedad tamiza una luz demencial rebosante
un hombre de aquí para acá   escucha una noche
    ilimitada que se infecta

quien sea abandonado por el tiempo
construirá una prisión de tiempo

por   un instante de mentira amorosa el órgano de
    tubos se desarraiga

la música no está aquí   este oído veloz nos roba
en el vasto cimiento de la música
la densa niebla que emana de esta boca dispersa
    la audiencia de un siglo
hasta que   lo ilimitado endurece el daño en una pupila
    incolora
entonces   quien abrace el cielo muy fuerte se expondrá
    infinitamente esta vez
ya que   no queda nada dentro de nosotros

entre nosotros   el órgano de tubos inexpresivo aplasta
    otra vida

FUE

fue en el pedregoso útero del padre   en la espera
fue esperar en la ingente ola de una cabeza   para nacer
fue nacer bajo un féretro de carácter   de rodillas para
decir

no quiero días

fue escuchar la misma tormenta infinita de costillas de
color sangre
fue la carne que tocaba el violín de luna
llena   estridente lloraba
fue llorar un río de gafas miopes   de luto
en presencia de su propia espalda oscura   en   otro
ahora

no quiero días que representen finales

inmaculada nieve de hospital   ignora el rechazo de un
rayo de luz   continúa la cirugía
la torre de cinco dedos   cepilló el cabello blanco de un
millón de infantes que pidieron ayuda
este invierno en agonía   dibuja un perfil de gélida pasión
vivo en el cuerpo de ese hombre llamado padre

no necesito lo que la muerte una vez exigió

fue   una pantorrilla que pisa furiosamente apretada
al vientre de otro hombre
fue eliminar la cálida distancia en la última cama de parto

ENERO DE LOS MUERTOS

padre corta este ennegrecido mes de un año
enero la música de la tarde en la ceguera de las madres

la campana de un antiguo reloj despertador ha sonado
por veinte años
en un abrir y cerrar de ojos
los rígidos zapatos gélidos lanzados veinte años en el
sendero del frío amanecer
los pies tripas trémulas de diminutas bestias trémulas
el verde quebranta-nervios de la pradera se mantiene
despierto veinte años
la ropa vieja que cuelga más cenizas robadas
los veinte eneros linaje de ventanas oscuras

padre exime este mes sin cielo en un año

es madre del eco luz de vela tan frágil que
aguijonea
la madre cuando está más sola acompaña hasta la
muerte
cubre enero cubre la nieve sucia de niños acurrucados
al borde del camino

los vendavales nocturnos atrapan lo que aun las heridas
    no pueden confirmar
cincelados en veinte cristales   veinte gotas de lágrimas
    a medio caer
veinte ocasiones   desprecian nuestra ignorancia de la
    muerte

7 MULINEN STRASSE

cuando el dolor abraza fuerte a un bebé   la dulzura es
    un defecto innato
la frescura de una pulsera de marfil se llena de
    intenciones asesinas
y un balcón blanco   ha aprendido a quedar empapado
    de lluvia
la sangre destacada   un enlace incumplido

más incumplido que la muerte es
más como la leche regurgitada que el cielo de un año es
más lujuria retenida que el útero contiene

vuelan   mariposas demasiado brillantes vuelan de la
    fisura

ante la entrada a la próxima vida   temblarán los muertos
recuerda esta flema rosa recién formada o no
evita desesperadamente el sonido de la lluvia en la tina
incapaz de evitar   la almohada blanqueada por el sexo
    de toda la noche

cuando un balcón para ver es mirado
los cisnes que se pierden todos los días en pensamientos
    de agua que fluye

padre   parque descuidado de un año que todavía
espera allá
nos llevan en brazos a este lado de la piel
expulsados por el hostil ojo de cristal de una botella
de vino vacía
de vuelta   se aprendió a respirar de una yegua que
se derrite

CARTA DE MEDIANOCHE

he agotado todas mis medianoches
escribiendo   he agotado
toda la oscuridad encerrada por una lámpara
anotando   la hija del eclipse lunar total sale de la piel
blanca como papel

una tormenta dorada recién se forma en el cerebro

una carta escrita a la hora cero   el cero que fluye en la
sangre
empuña el pasado con cinco dedos
las nubes   masas de soledad endurecidas en el cemento
el cielo   la hija desentierra el fósforo agónico en
el corazón de cada palabra
luego los huesos humanos   se lastiman por la herida de
una dirección
mi medianoche   el semen hizo brotar el vacío

agotado hace mucho   el océano color carne sin
destinatario
sin cuerpos solo la hostilidad reproductiva de los cuerpos

sin amor   solo los ojos que ansían la destrucción
del insomnio

tan deslumbrante la angustia de medianoche en una
joven
inmutable el cero agotó todos mis fantasmas

EL JARDÍN DE LA TRANSMIGRACIÓN

una multitud que camina con rostros a medio morder
una multitud de destrucción que anda
camina hacia la luz solar   el persistente aroma del
  mármol extinto

en un mapa obsceno   los alfileres de pájaros clavados
el viento   la no realidad cava una inmensa raíz de árbol
la sombría lujuria del cielo sombrío

la dirección en que explotan las estrellas   descubren las
  flores
la dirección en que los conejos corren enloquecidos   la
  silla desierta de un cazador
dispara hoy en la parcela de malezas de hoy
bajo tierra   fuertes nevadas iluminan un máximo oscuro
lo que está podrido   padre   nos deja acariciar

un sueño   envuelve una cabeza más brillante aún desde
  la muerte
sin memoria   sin camino
ninguna   multitud revela el olor de la sangre bajo la
  venenosa luz solar
el jardín jamás ha desaparecido   con un toque el jardín
  resucita sin piedad

LA VIDA   ESTA PALABRA

esta es solo una manera de vivir   sonido masticado en
    la boca
la muerte es también una manera de vivir   sonido que
    mastica la boca
sonido similar a dos estómagos de pescado harakiri que
    alguien masticó

descartas esta vestimenta de cuarenta años y me la pongo

esta palabra   esta antigua mancha de esperma
destierra   esta piel   tan dura   tan áspera
nervios   sangre   sueño   se adhieren a los huesos
        cuatro miembros de la sílaba
        atados al lecho del enfermo
destierras este rostro de cuarenta años   mientras
el mío   arde en una olla riendo locamente durante
    cuarenta años
hablar es escribir   escribir es hervir

y hervir es vivir

        las palabras de pescado
son lo único   que el mal tiempo del estómago maduró

expulsas tu cubierta de sal inmaculada como la nieve
    el océano se levanta en mi orilla
esta médula ósea escucha cada instante podrirse dos veces
la cama muerde todos los cuerpos por una vez
un conjunto de tripas de vidrio   enjuague   la catarata
    sanguinolenta en cascada que mastica
los dientes falsos   muestran detalles de la farsa

X

los cuerpos sin rotura solo pueden esperar
la piel desollada en una pieza
gatea se frota sobre arena rosa

sin llanto los órganos resuenan toda la noche
durante toda la noche
el claro de luna descarta las almas de los muertos
las flores reproducen trozos de ojos rotos
en densa niebla plateada la mirada no puede dispersarse

todo trágico día se vislumbra
tiene raíces de carne
es como la carne inevitable

hasta un viento más tierno es suficiente para hacernos
temblar
tan similar la belleza tan inmensos los moluscos
la locura la distancia después de la lluvia
a la espera inmortal
no duerme toda la noche el asfalto iluminado por
la luna

mira los días llegan en los cuerpos ese lenguaje
golpea directo en la herida

mira desnudo hasta el final

quien no es una cola sangrienta que gotea
lo sacude salvaje el dolor

a arrastrarnos no podemos arrastrarnos lejos de
nuestras propias garras horribles
bajo el claro de luna en todas partes las desterradas
piedras son lágrimas

X

tú   yo   sonido de lluvia   octubre cae entre las
  piernas   el océano
pasa la página   mañana reacia a despertar
  exprimida   cada año
aguanta   un poco de calor   crece poco   a poco
  una vez imaginado otro ausente
el bus   la ventana   la lengua erecta   los obstáculos
  del mundo
yo   definición luminosa   la parte más irreflexiva
  de la mañana
mansedumbre   días   dulzura enteramente dolorosa
  del día   una
pierna   presiona en esas piernas   el blanco
  ruega   dos minutos

en su último suspiro lloran por la madre   extensión
  de inmaculada nieve   bolsa de reciclaje
retuercen   dulce tigre en cuerpo de
  mariposa   omite   por casualidad
la madre   de sala en sala   el mapa
  leucémico   dibujado en seco
picado   bilis verde negruzca   estoy
  abrazado   fracaso una vez

el cabello blanco desconocido   madre   siempre en
    la mañana   la nariz
capa por capa transparente   la última   al
    inicio   cuando hace mucho calor se trata de
vagina   sin enfrentar la muerte uno debería temer
    mucho al tiempo   salvo yo

que experimento una realidad celular una realidad reacia
    a despertar por la mañana decir o no
decir o imposible decir cuando no puedes no decir
    la experiencia no estás en blanco
haces tu propio vacío deslumbrante amenaza un globo
    ocular sanguinolento que fulmina con la mirada
el paisaje ilógico de toda la vida

    vive   sin palabra

X

con no con solo no solo con no
no con este lugar qué lugar este con
no no solo solo solo esto
qué no con no con qué lugar no
es este lugar este lugar con no este lugar este
lugar con solo este lugar no es no qué no
lugar que es este lugar no es qué lugar es
solo es no solo es solo no es con no
con solo es no es con no este lugar con solo qué
lugar qué es qué no es qué no
esto es esto no este lugar el hedor de la
respiración

X

la única forma de vivir en cuerpo sin rotura
 el cuerpo es la única ilusión
solo una forma de hablar como no hablar o ser hablado
 las palabras estrangulan la sangre empozada en
  la garganta

la muerte es una declaración irónica la estampilla
rojo brillante para enviar por correo orejas de bebé

 desnudas tu oscuridad
 descubriéndome paralizado en los órganos

no solo los dedos que hurgan el pasado
 son bien hurgados por el pasado
nadie allá el cruel jardín del cielo se mueve sin cesar
 hacia otro parche de
azul ni más ni menos confirma la vergüenza de
 los ojos
te quitas las deudas de por vida que no se pueden quitar
 y entonces me deben
en el útero balbuciente que llena con fruta dulce
 y como de pescado
grasiento la hoja de vida gris ferroso en la que el daño
 está lejos de ser suficiente

la muerte   cuanto más densa vomita niños menos son
  suficientes

esta luz solar   cuántos regresos serán necesarios para
  destruirla en un instante

la multitud   camina   donde
    transmigra a la profundidad de un hombre
como   cuerpo   lugar   soporta   la masturbadora
  inscripción dorada

    las cuatro estaciones   forma solitaria aún más
      brillante
    mil años a los cuarenta
arrancas este féretro clavado y me despierto en él
escucha   cuando te aferras a los huesos
  blancos   escuchas en silencio
el asco   es solo lo que tiene la flor de cemento
  a la espera
soy   todavía un incidente en una palabra sin el poder
  de acontecer
    aún vivo   aún
    tácito

ES

es en verdad el océano   que forma una gota de tinta a
mi alrededor
es en verdad el pezón rojo púrpura de la roca   en cuatro
paredes negras

es   luchar hasta el dolor con este año
los cinco dedos de alguien se derriten en el cuenco
de mi mano
nieve de los muertos   me lleva hacia el final sobre
un cielo agreste
es   profundizar la plaga blanca con sus ojos

este año   siempre el único año

cava una visión aún más vacía   es cuando las olas
huelen sus fétidos genitales entre sí
percibe un término   es a la altura de las aves marinas
colapsa   es en la luz solar ignorante del colapso

se filtra   el único océano entre yo y quién
piensa   revierte la circulación sanguínea
los huesos rotos de un bicho   crean una situación
bajo el pulgar
la campana que suena   como luchar por vivir

es el año que carga sobre sí mismo un veloz trineo
es el año que señala la soledad de la carne
es el año que separa nuestra muerte en silencio
muerto

es en verdad lo oculto que se cierra sin cesar bajo un
trozo de piel
es en verdad el mar que resplandece loco en una
lámpara
es reescribir en el rostro naturales rastros
de marea menguante

ENERO DE LOS VIVOS

la realidad es una mentira   aún hoy   la soledad es
  como una rata que muerde mis   articulaciones
una habitación tan oscura que amenaza
la roca   barre treinta lunas talladas en el suelo

todavía no puede limpiar   las venas   mientras
  suena la alarma
cuál es la razón de las ventanas   cuando las tripas
  se clavan en la casa
la muerte   lucha por recordar el cielo

treinta rocas lunares   prueban que el hombre es sombrío

los labios que temen al frío se arrodillan para
  calentarse
las nubes que temen la memoria   borran los ojos
  empañados
temiendo que los árboles se vacíen   los pájaros
  desnudos en las ramas no temen el día
el miedo   la razón que resisto

la roca   fijada en la destrucción   brotan treinta gotas
  de semen

los peces extintos se desbordan de treinta lunares negros
    en su propio cuerpo
los treinta rostros   constituyen un tiempo cero

navegan   una habitación tan grande que no tengo
    donde desaparecer
la sal que despierta en agua hervida de memoria que
    escribe
un diccionario de la noche   que no falta ni un
    solo año
cada año   el pediatra preservado en treinta tipos de
    claro de luna
la pesadilla blanca como la nieve que mira a las islas
    en su abrazo

en la falsa mañana   de verdad se envidia el funeral

LA SOLEDAD DE SCHLOSS

mar y mar se desbordan entre alféizar y alféizar

mar y mar   caen   la gran mano del ventisquero
 oculta el lamento

 silente   entonces determina que nosotros
 no tenemos humanidad   el jardín subterráneo
  disipa las estaciones en nuestro rostro
 cemento de carne rojo brillante   mientras más
  abigarrado es
 más muere un manzano a ambos extremos del año
  más empuña la fantasía
una cabeza fijada entre tumba y tumba
cuanto más azul   rezuma la belleza impura de
 los pensamientos

luz y luz desbordan este momento sin luz
 un campo de doce meses   se desliza más allá
  del oído como lenguaje
 doce tipos de huertos que se siegan a sí mismos
  se mueven hacia el cielo refrigerado
 doce interpretaciones   todos los que vienen son
  los desaparecidos

piedra y piedra fabrican nuestra
esencial   expulsada belleza

la mariposa   incrustada en la puerta da un último
revoloteo cada noche
en la punta de la lengua   el mundo es tan inútil
como un lóbulo dorado

fluir y fluir   y luz de lámpara
arremolinada tras una pendiente de vidrio
sin flujo   involuntariamente masacrado por el tiempo
que asoma
demasiado peligroso   fantasmas y agua un año
más cada día
demasiado hermoso   bajar un peldaño que grita
de los turistas un siglo después

CARTA DE MEDIANOCHE

partir es un error terrible   no partir lo es también
el puerto   podado para ser el día más brillante
el sendero   incitado otra vez con pájaros el sexo
mañanero
tú   abrazas la muerte como un niño

en el cruel proyecto de la luz solar   no podemos dejar
esta medianoche

aun así partiste   dos páginas de letras de roca
empuñan el instante de la pesada ancla
la carne es una costa furiosa
cualquiera   escucha las olas podridas de quien sea

un poema sin terminar   como un arrecife de pequeñas
vírgenes
un ataque de gaviotas que chillan   todavía nos
recuerdan
recuerdan   alas   se curvan en el útero   tan
ignorante
aún nunca se han elevado   surcan   este
resplandeciente cielo color hueva

esta tenebrosidad   que nadie puede dejar   no
pertenece a un solo día
entonces estás atado todavía a la cama   incapaz de
extrañar tus propias extremidades
escuchas un timón   insertarse en una mentira
escuchas una mentira   ampliar una distancia aun
ampliándose después de la muerte

parte   el reloj color sangre de las tripas calibra el dolor
sin partir   a olerse la piel ardiente profunda más
abstracta que el cero
ningún cuerpo desnudo se desnuda en palabras

deja entonces que el pensamiento sea lo que hay después
del final   el azul es el millaje
besar es la ausencia   pleno día la medianoche   luego
intenta el silencio otra vez

LA TRASMIGRACIÓN DE LOS JARDINES

el hastío de la primavera son las flores   el jardinero
de la muerte
pule de nuevo   padre   una jaula que libera bestias
resplandecientes
un año   testículos que cuelgan en ramas de vasos
sanguíneos dejan el tiempo amasar granadas
un estúpido sastre invernal desgarra un trozo de piel humana
malla de alambres de uvas
dientes oxidados   muerden con cuidado un clítoris
que recién se puede sonrojar
la primavera   los tacos en las suelas llevan picadillo
pegado
cada entrada aún más húmeda que un aborto involuntario
padre   nos humedece la salmuera

un conjunto de diminutos omóplatos de seis años en
la tina es un concepto
la niña mira detrás de los ojos
el mundo   detrás del mundo

reúne los momentos más amargos   de nuevo recuerda
vivir
en el mapa del océano   canicas creadas en secreto
como venganza

la persona singular abandonada como un amante por
    oraciones de ventisquero
en todas partes los tiernos pulgares verdes   salen de
    nuevo como si nunca hubieran sido destrozados
        este féretro sin fondo   porque nunca cambia
            el aroma de las flores
        el hastío de la primavera es imaginar

un año   que las piedras no puedan tomar prestado
    que es conocido con cada ola

        en el jardín del padre   nunca han aumentado
            los muertos
        esta nativa parcela del cuerpo   nunca nos ha
            rechazado otro capullo
        cuidado por la muerte   olvidado por la muerte

I

PUERTA DE PLUMAS

debido al fracaso de ver   ver de nuevo
debido a ningún lugar   la carne que vuela
las nubes sobre un prado criminal
acarician otra vez un discurso

primera habitación. la mano en la pared húmeda, bajo la escala de piedra. oscuridad, otra pared. el pantano colgante absorbe mis dedos. los brazos, medio rostro, un rayo de fosforescencia en el borde de un hombro. oscuridad, así es como me recuerda: después de todo, una persona no es lo suficientemente oscura; con nadie, ni siquiera hay una forma de luchar para oscurecer. no soy solo un cuerpo, sino una voz. no solo una voz sino también el peligro de pisar cada silla desocupada. aquí, toco una puerta de plumas

—busca este cementerio   entonces la guerra impregna
  mayo
un perro que ladra con furia   discierne la buena
  voluntad del mapa podrido
los huesos blancos sobresalen lentos de la cabeza del
  pájaro
trino de pájaros   buscan la losa de mármol que retiene
  el pensamiento

el tiempo enfatiza esta enfermedad
siéntate   es edad tras edad rumiar en las modelos
  verde oscuro
la tormenta de arrullos en las fosas nasales destruye
  otro cochecito
y la madre   pierde contra esta palabra madre

el olor de saliva muerta en miel, y el olor de preservativos firmemente adheridos a plumas. un vaso sanguíneo de plástico blanco-gris abre un cuarto oscuro de pájaros. déjame tocar, corazón palpitante, en la puerta. las ingentes alas de la puerta se adhieren a mi sentido del tacto. el cielo está atrapado en cada batir de alas. escucho, lo que aguijonea la quietud en las cuatro paredes no es otra cosa, es precisamente un tímpano. mis manos, son perseguidas y picoteadas por grupos de fragmentos aterrorizados, secos y removidos, que representan ¿cuántos pájaros muertos?, ¿cuántos pájaros muertos?, ¿cuántos mundos? adentro, el infinito silencioso y oculto por una pluma hueca

—mayo   mandíbula   diente falso   rodilla
  izquierda   vello púbico   dedos de los pies
mayo   cataratas   cartílago   riñones   cuerda
  vocal   ano
mayo   anillo de ombligo   lengua de
  cristal   pelargonio lobulado pulmonar
la luz solar vomitó sobre el
  suelo   cisnes   tumba   quién es mayo   ruinas
    la ciudad espectadora atrapada por un dedo índice
      sucio de cerveza

las tijeras han cortado cerca del órgano
juegan luego la muerte se acerca infinitamente
el aromático guión de los muertos ensaya

un tazón de porcelana colmado de agua pura resuena. un niño sostiene un pequeño martillo, sobresalta un xilófono y lo despierta: ¿es verdad que cada sonido tiene al menos tres colores? el niño que observa la oscuridad, no sabe nada de la oscuridad. los ojos, son más como el ciego sin ojos: ¿es verdad que hemos sido expulsados por las llamas en una habitación? tres horas, la realidad, se instala en mi cuerpo. la puerta de plumas me arrastra, con la carne, y un pensamiento profundo que blasfema contra sí mismo en un feo taburete: es cierto que la pérdida es también un objetivo

—debido a la situación nadie escapa nunca
las puntadas de viento en los jardines óseos
el cojín de plumas trasplantado en la boca de una
enfermera de barro
el cementerio azul que saluda con la mano
porque no hay nada aquí
cancela un viaje de nuevo

esta puerta se implanta en la noche hecha por el hombre. un dedo deja fuera el mundo que revolotea en plumas. una especie de dolor encierra al dedo que revolotea en plumas. ¿es cierto entonces, que existen ángeles en este momento? cuando urge una lección más oscura, cuando un demente de nuevo niega su propia edad

—mayo exprime una gota de sangre de carnicería en el
    regazo de la madre
los truenos retumbantes que desgarran plumas
la puerta que llama a la frente de alguien

II

RONDÓ Y CONTRAPUNTO

este verano continúa   en las hojas de tigre de las
  enredaderas de Virginia
una manada de tigres trepa por un rostro
la piel de tigre cubre el rostro
tiene solo la apariencia de la aceptación
el sexo de piedra atrapa girasoles sobre las colinas y más allá
el patio construido en piedra estampado con garras de
  tigre de luz estrellada
salta al abrazo de una niña   no puede tallar el rostro
  o los gritos
este verano de pie   resplandeciente   se repite

Mont Ventoux está en Provenza en el sur de Francia. Vista desde lejos, la cumbre en todas las estaciones es una extensión de blanco plateado. Pero de cerca, te darás cuenta de que no es una capa de nieve, sino montones de piedras trituradas. Entre fuertes heladas y vientos violentos, no crece ni una hoja de hierba. La cima, a una altura de más de dos mil metros, mira hacia esta tierra de vino, luz solar y romance.

Petrarca, cuando vagaba por aquí, ya era famoso en Europa por sus sonetos. Esa noche, ¿qué clase de dolor le hizo sentir la amenaza de la montaña que se cerraba? ¿Cómo pudo soportar el mutismo de estas piedras? La luz de vela que toma prestada, tal vez, una mirada sorprendida del espejo, refleja un rostro que no pudo reconocer, un rostro más pálido que una roca iluminada por la luna. El frío, y asaltó sus dedos. Nadie supo lo terrible de la noche que pasó. La siguiente mañana se fue sin despedirse. Sobre la mesa estaba el primer poema paisajista puro de la historia europea. Él, el primer hombre en ver esta montaña.

crepúsculo que practica el vacío
en un retrato impreso
el fuego no es vegetariano
el fuego consume a quienes tienen rostros
la desgracia perfecta es como algo natural
tinta de impresión hervida en azul oscuro
una ostra   una carta cuyos órganos son ojeados
practica un brillante   origen abolido

Un folleto de viaje en la aldea prehistórica de Banpo en Xi'an dice, «el cementerio se tiende al norte de la aldea. Las cabezas de los muertos apuntan todas al oeste.»
El norte, el único lado donde el sol nunca pega. Hacia el oeste, donde otra noche oscura baja de la colina. Con un estruendo, se rompió un recipiente de barro y la multitud vestida en cáñamo blanco de luto comenzó a ondular. Mientras gemía, siguió a mi espalda, siguiendo de cerca este féretro. Seis de nosotros, a un brazo de distancia, llevamos a ese sobre nuestros hombros, los huesos golpeaban las tablas con su toc-toc-toc. Tan pronto como fue clavado el féretro, olvidé ese rostro, olvidé como rasgó y devoró la

carne sangrienta de los jabalíes. Lo único que hicimos fue cargarlo, maldiciendo el peso del cadáver mientras pensábamos en nuestra comida después del trabajo. Al norte, a través de la madera, déjalo caer en la fosa, con su cabeza apuntando al oeste.

En 1977, durante la Revolución Cultural, partí de la aldea donde me enviaron a vivir y trabajar con otros en una unidad de producción. Hace seis mil años, en el periodo neolítico, los habitantes de Banpo, no registraron quiénes eran los dolientes.

los brotes de flores rojas-opacas gritan en las ramas color
 carne
no han dormido en toda la noche   aprecian
el doble arte de vivir y podrirse
mi brazo es todo un personaje
que te permite componer
en el campo   aunque ha sido cultivado no se han
 excavado manantiales
manantiales por todas partes pero ninguno se ha
 desbordado
fluye   aunque no mejor que el perfume único de un
 veneno de serpiente

Cuando Brecht murió, ya era un nombre ilustre en la historia del teatro. Su funeral fue, por supuesto, grandioso y solemne. La gente, dispuesta a ser responsable del muerto, construyó, de acuerdo con su voluntad, un museo en su antigua residencia: él escogió la ubicación del cementerio y fue separado de su antigua residencia por solo una pared.

En las tardes de invierno, parados frente a la lápida, podemos ver claramente la luz de la lámpara de su estudio en el primer piso. Las ramas cuelgan oscuras sobre la nieve. Las huellas cubren de un lado a otro un camino bordeado de acebo.

Los años pasaron. La gente se preguntaba por el último trabajo del gran dramaturgo. Él se sentaba en la ventana cada día. La ventana, como otra hoja de papel en blanco, exactamente igual a la del escritorio. Los mensajeros enviados por el teatro para preguntar, regresaban con las manos vacías, como siempre, todos repetían lo que él murmuraba para sí: «¿Qué obra es única? ¿Una obra que sea única para cada persona?»

Se encontró su testamento bajo cenizas de papel, incinerado con meticuloso cuidado.

la reflexión hambrienta en la pupila de una paloma
equilibra la amplia superficie del agua
la cubierta despliega un paisaje de despedida
la sangre viaja contra el movimiento de la luz
renueva los peces en olas oscuras
un instante   una estela de roca marrón
tan resplandeciente bajo la amenaza del trino de los pájaros
vigila   los lejanos detalles del cielo

El recuerdo de una ficción: Bérgamo, un pequeño pueblo en una colina que data de antiguos tiempos romanos, posee una hermosa muralla construida en el típico estilo medieval. Desde Lecco, por el lago Como, cuarenta minutos en tren te llevaran allí.

El hotel Agnello D'Oro se encuentra detrás de la catedral. Cuando suenan las campanas de la iglesia, ustedes dos son transformados por las campanadas en una corriente de luz que vuela como una bandada de golondrinas acostumbradas a este fragor, sobre las tejas rojo-opacas y gris-claras que recubren los techos. Las calles abajo. En la plaza, el café que lleva el nombre del poeta está, como siempre, lleno. Los dos recuerdan que el mármol allí parece haber sido cortado. Por cientos de años, dedos amables han sido suficientes para inspirar miedo en la roca. Suaves caricias caen en esa desnudez como golpes de látigo. Recuerdas, detrás de las herméticas persianas venecianas, algunos cuerpos exhiben a otros su propia belleza incompleta. Recuerda, exige una vez más, ven una vez más. Bérgamo fue allanada hace mucho tiempo.

incluso las avispas no pueden
herida es   palabra es
lo que quitan de los girasoles muertos
robusto y fornido es   tartamudeo
malla dorada de alambre eléctrico
la pasión sin boca de los pozos en el agua
una cabeza aislante es aguijoneada
si   puedo todavía crear una mentira

Camina junto a unas vías de tren y de repente estarás allí: las dos Berlín que se enfrentan entre sí en silencio terminan abruptamente aquí. El Muro de Berlín, después de ser derribado, deshecho y vendido en diminutas piezas como recuerdos a los turistas, tenía dos líneas paralelas sobrantes. Extendiéndose. La hierba verde, que parece como una

pintura en el suelo, es demasiado tranquila; la franja muerta de estos años es demasiado estrecha. Salvo algunos árboles que no lograron crecer y que te recuerdan su inmensidad, casi no puedes creer que tantos fantasmas estén atrapados allí. «Schweigen» en alemán se refiere exclusivamente a la «reticencia». Es diferente que «silence» en inglés, que también puede significar «quietud». No continué un diálogo propuesto sobre el tema de la reticencia con el poeta Uwe Kolbe, alemán del este por nacimiento. No porque alguien nos detuviera, sino porque la «reticencia» lo exigía —escucha. Escúchalo: eso que niega el lenguaje, lo que ni siquiera es la falta de palabras, hundiéndose sin cesar bajo una garganta, en el fondo a nivel de confirmar una boca, de confirmar una cámara de muerte con la silla eléctrica. Está allí, siempre es más que lo opuesto del sonido, eso que nos obliga a preguntarnos incesantes: «¿No?»
No —si no puedes escuchar, entre dos paredes invisibles, el dolor que los fantasmas aún no pueden superar.

espera tanto que solo sea un vano lanzamiento
roja o verde   la pelota
lanzada a quién   el bebé rodante
la inspiración de una muerte precisa
lanzada como una manzana cocida en la rama
dorada   que cuelga en la dirección que quieres ir
brindándote una razón para decidir no ir
para traicionar tu propia   órbita dolorosa

Debería haber aquí un cementerio para los muertos de la guerra, o al menos eso dice el mapa de Londres. Aquí, además de los callejones indiferentes, solo resta este parque. Mayo empuja la guerra cada vez más lejos. Bajo el sol de mediodía, un cochecito se detiene tranquilo. Una joven madre abre un libro en su regazo. Un poco más lejos, algunos estudiantes de secundaria practican goles frente a una portería temporal de mochilas. Trino de pájaros, brillante y abstracto, parece parte del cielo. Este es un mayo en que incluso los perros están muy cansados para ladrar a extraños. De camino hacia aquí le pregunté a una persona tras otra, a lo largo del sendero por el arroyo. Nadie conoce ese cementerio. Parece haber desaparecido detrás de la primavera. No tengo nada escrito en mi cuaderno, así que me siento, entregándome a la ausencia —como el parque está a mi alrededor; las ondas circulares de Londres están alrededor de la recién abierta botella de cerveza en el borde de mi boca.

la piedra reproducida por cada hora
nos reproduce a nosotros
cuatro hongos en el suelo maltrecho
cuatro raíces penetran el tablero de ajedrez de la muerte
cuatro extremidades   retenidas en la boca
las uñas pellizcan acaloradamente
esta debilidad   este trabajo
esta habitación   esta tierra   este universo

El rostro de un artista es cincelado por su arte. ¿Una foto tardía de Ezra Pound y los *Cantos* —¿quién creó qué? ¿Están arrugados todos los versos de sus poemas? ¿O parece que su expresión ha sido cortada por glaciares? Al final, leer el rostro y leer los textos son uno y lo mismo. El rostro de Pound reúne el riesgo de una vida, orgullo y fracaso en la poesía. Odiaba los hospitales y los espejos.

Otro hombre que es el enemigo de su tiempo: amasa casualmente la arcilla del tiempo en laberintos, jardines y tigres; aun así, nunca entendió cómo surgió la oscuridad de su cuerpo. ¿El peligro de convertirse en un ciego lo hizo hablar del tiempo? ¿O hablar del tiempo lo dejó ciego? No importa. En suma, un día lo aceptó —en el mundo que se inclina en su bastón ya no hay tiempos verbales, así como no los hay en las formas cuadradas y negras de los verbos chinos. Todo es situación, entre la búsqueda de una palabra en un relato oral y un asesinato en un cielo raso indistinto; entre el esfuerzo de buscar a tientas el brazo de un sofá y la Gran Muralla construida por el primer emperador de China.

Él es una de esas pocas personas que viven en el tiempo nulo. La oscuridad transmitida a través de seis generaciones le dio sabiduría. Pero ¿se arrepintió? —«Dime, ¿cómo es mi rostro?» Ochenta años, el rostro excesivamente juvenil ya arrugado por la memoria. ¿Un chiste demasiado cruel? Así que él escribe espejos. El terror de una lámina de hielo plana. Un rostro que no puede ver se convierte al final en espejo del tiempo. Lo que él toca está vacío adentro.

Jorge Luis Borges no entendía chino.

un tigre salta de un cumpleaños
el domingo inspecciona una talla en piedra
los árboles de las masturbaciones aman profundamente
  las colas

este verano ama profundamente un hacha húmeda
que corta una axila sin cesar
huele cómo el hombre es despreciado
esta luz solar raspa hasta limpiar la visión en las hojas
verdes
nadie puede escapar de un fresco poema sombrío

Ban Goo leyó estas Palabras a la luz de una vela: «Esta es una época que no tiene Héroes, incluso un simple Tonto puede alcanzar la Grandeza».
Ban Goo se dijo a sí mismo: «El Primer Emperador se apoderó de los Seis Reinos, construyó la Gran Muralla, decretó el árbol Axel y las Letras, quemó los Libros y enterró vivos a los Eruditos. Pero toda su desbordada Autoridad no pudo ayudar cuando, después de su muerte, el Capitán Shang Yoo quemó el palacio de Ah-Fang y todo el País a unos trecientos kilómetros de distancia. Y Shang Yoo se cortó después la Garganta en las orillas de Woo Jang, cuando el Plebeyo Liu Bang lo derrocó por completo. ¿Puede ser esta realmente mi crónica de Han?»
Y Ban Goo relató como Shang Yoo desenterró de la gran Tumba al Primer Emperador, robó todos sus Tesoros e incendió ese Palacio subterráneo. Gracias sean dadas a su famosa Crónica de Han, que la enorme pila de Tierra amarilla bajo la Colonia Caballo Negro en Shan-Shee se ha mantenido inviolada más de doscientos años, pues ningún hombre pensó desenterrar sus Historias.
¿No tiene entonces Héroes esta época? En verdad, más de dos mil años después, los hombres todavía hablan de las excelentes mentiras del historiador imperial Ban Goo.

III

LA TORRE CAPELLA

la destrucción es nuestro conocimiento   pero esta torre condenada
cuya boca   cuyos ojos rebosantes de brea
aún no han alcanzado ese mutismo

un cementerio es parte de la mancha de sangre de los muertos
mayo   parte del cementerio

su luz es tan formada. nadie la ve. en la puerta de plumas, nadie sabe, en este piso negro, la luz dibuja en secreto sus círculos concéntricos

—la habitación   conocimiento venenoso mortal entre cuatro paredes
una lengua torcida y rota en el ojo de la cerradura
la carne   el conocimiento de perderse
los olores   las peores noticias posibles recién publicadas le faltan a otro

como una mirada a la distancia   lo vuelve parte de la ceguera sin maldición que no arda. sin campo de nieve inmaculada, que no proviene de la mirada subterránea omnipresente. los peces muertos que saltan y se zambullen en un océano eléctrico, siempre con su plata, sirven como una lámina para la gaviota que planea toda la noche. nada que no rezume gota a gota de la oscuridad de mi médula ósea

—las victimarias   partes de briznas de hierba
impresas con un rostro humano
el cielo   parte del óxido verde abigarrado en el ala
tallada
los fantasmas todavía llegan a tiempo
conciben en un lecho   esta noche fracturada
la estela de piel   un diccionario de luz estelar
al recitar lo anónimo   pisadas distintivas en piedras
trituradas

escuchemos y comprendamos nuestro propio miedo

un cuerpo a prueba de viento   la parte más oscura
de una habitación

en la fantasía del lente de la cámara, una persona no es más que pies, piernas y un rostro irreconocible. el radio de luz convierte la oscuridad en sustancia; nada más que una lágrima de vidrio que cuelga al final de un cable de energía confirma que el castigo para el lenguaje, continúa también en el silencio; nada más que la luz que no suelta a nadie, aprieta su ligadura una y otra vez

—la primavera invertida fuera de la
    ventana   como un pozo azul seco
la torre   que mira a fondo en las profundidades
    del aborto involuntario
el viejo disco de un gramófono de campo bajo el
    arado otra vez
un libro de polvo acelera su crecimiento en algo que
    pronto será cosechado
una madeja de nevisca impaciente por escaldar
    hasta la muerte a los amantes que se levantan en
    el   horizonte

doce meses después del celo manchado de
    sangre de un mes
la guerra debe transmigrar dentro de una
    persona
los tontos están más confundidos   más locos
    que las palabras

un círculo concéntrico es todo. en la puerta de plumas, el sonido de la maldición de la luz hace eco de incontables ayeres destrozados. en cada sonido, hay un yo destrozado. estamos separados por miles de años y debemos compartir un lado oscuro. el lado interno. deja a los que han vivido, y los que viven inclinarse juntos con su propio olor fétido, para soportar una realidad no mayor que una sola palabra.

pero incluso las maldiciones   son incapaces de
    parar

la lápida   se ajusta a las partes más ligeras de los
nombres gastados
aún más ligeras   en la sombra del océano una
habitación se mueve
aún más perfumada   en el campo de palomas
salvajes deslumbra la luz del sol
nadie lo suficientemente poderoso para destruir esta
torre dos veces
amanece   los fantasmas escriben cantos de pájaros
cada verde de aguja de pino es copiado de nuevo
mira con furia otra vez   al blanco nominal en el
ojo de una oveja
ninguna memoria más severa que el examen de toda
una vida que respira

en la sombra de una habitación   un océano se
mueve

nos formamos de esta manera: condenados —como muros y vallas rotas, hacemos frente al colapso y el colapso de cada hoja de papel níveo; como palabras somos expulsados al silencio, por lo que escribimos; como ausencia, no tenemos opción, en un taburete, encerrarnos por una foto de los difuntos, en la fundación de Babilonia que está hecha de carne

—muere una vez más   todavía parte de la muerte
la luz   una parte que hace el esfuerzo de alcanzar
un máximo oscuro

la destrucción   continúa la construcción de esta
    torre
el conocimiento del lenguaje abandonado   los
    huesos blancos unidos en un poema
el conocimiento de la visión eliminado   diseña
    cuencas
oculares como abrigadores de odio   el mapa
    desvelado
los fantasmas   la medianoche sin cambios dentro
    de sus ojos   el amamantar
reflejado en un espejo arcaico de un bebé   espejo
    con un rostro lejano que fluye
      la altura que alcanzamos   es donde caemos

      impulsados nuevamente por una antigua traición

SUELO CONSTRUIDO

el jardín está justo al pie del acantilado   volcán extinto
amenaza el océano durante todo un año
eres tú que caminas por la calle   es una calle vuelta
  puente
bajo el puente los cadáveres ciñen una temporada de
  lluvia tediosamente larga
es Auckland que pule brillante el hacha ensangrentada en
  los gritos de las gaviotas

es Sídney que cuelga bajo un balcón de ostras
los borrachos que pasan al anochecer susurran para sí
  una vez más
las olas amarillas de ictericia   irrumpen en una canasta
  de manzanas maduras
es Nueva York subastada a la podrida nieve amarilla

gatos callejeros   los taxistas desaparecen en los
  callejones de París o Praga
los olores rancios   brotan de las entrañas de Viena
  y Los Ángeles
es un sótano de Brooklyn en el fondo marino de un loco
que cuenta la arena mientras gotea

las bandadas de pájaros de cemento   cubren tu ventana
atemporal
es Berlín en su trineo siempre deslizándose hacia la
medianoche
luz de calle encerada   brilla aun antes en los vasos
sanguíneos
una perla entre párpados cubiertos de musgo
es lo que se mira   que te mira correr hacia el suelo de
la destrucción

la campanilla está justo al pie del acantilado   cariñosa
hiere audición ahogada
el acantilado   cae al cielo de Londres
las flores en el funeral empuñan un rostro a través de
cuatro estaciones
la espina de gramática   aguijonea los titulares de los
periódicos bajo escamas plateadas
es el río que amenaza a los poetas que acuñan otra
almohada de mármol
la respiración oculta una ciudad en el sonido abstracto de
la lluvia
estás inmóvil   dos filas paralelas de lápidas que pasan
ciegas

es   este lugar que nunca cambia
solo entonces uno recoge el desastre de su propio pasado

COMEDIA REPETIDA

la carne de los amantes siempre raspa la pintura
desprendida
pero los troncos de muertos están clavados juntos como
piso
en la brecha del clavo de año nuevo   el día del juicio
final es una salida de incendios

abandona la risa y luego está el océano
escapa sobre los acantilados del océano y luego está
la mesa del comedor
los inmigrantes sonámbulos desde la mesa del
comedor   cada uno un pasaporte color sangre

en una brecha de clavo de los amantes el día del juicio
final es un pasaporte manchado de sangre
abandonar la risa es una salida de incendios
tú   escogido por el lecho de muerte para enfrentar
la noche solo

todas las historias suceden en las esquinas de dientes
postizos
el tú del escenario de la historia tenía resina en todo
tu cuerpo
los niños que neciamente arden en la encrucijada

la degeneración tiene la dulce distancia de la putrescencia
cuando peras cuelgan de las ventanas   la pasión del
    claro de luna no puede ser rechazada
las manos sedientas de dolor   no pueden alejar los
    grilletes del océano

cuando todas las historias se pudren y son clavadas para
    los grilletes del océano
la degeneración   como claro de luna que neciamente
    arde
tu cama   cambió de nuevo pero aún bajo la avalancha
    del cielo

muévete a marzo   la hierba verde crece en los ojos
    de palomas salvajes
agosto   fuertes lluvias que colman tumbas ahogan
    de nuevo a los muertos
la punta de la rama de noviembre   última manzana
    de cada año

usa la boca de un amante hasta que envejezca aún más
una garganta que engulle finales   desdenes para
    inventar mentiras
la lengua se desliza justo allí para que una pila de mierda
    blanca caiga más profunda

mentiras de marzo caen más profundo
la garganta   que se ahoga cada vez que sale de la risa
tu sueño   se quita tu carne hacia el vacío

finalmente asentarse en una habitación es traición   ni
 más ni menos
anestesia una vez   extirpa innumerables cuerpos
 anestesiados
la vida   se vuelve   los restos de la muerte

la sal de pasaportes manchados de sangre   acepta lo
 que no puedes tolerar
la sal del año nuevo   engulle lo que acabas de escupir
 en el suelo
desde el día del juicio final   a otro derroche de
 vergüenza del día del juicio final

no puedes salir de una habitación porque has cerrado
 la salida de incendios
clava   la existencia de un agujero de clavos
para esperar salvajemente   que no te despierte
 el tinnitus

UN LABERINTO QUE CRECE GRADUALMENTE

—Infinidad de hojas caídas crujen, crujen.
Du Fu. 712-770

el espejo ha perdido su reflejo por tanta descripción de sí
los ventisqueros en el espejo   blanquean los silentes
  mitos entre cuatro paredes
el blanco de los esqueletos nunca se fabrica en otro lugar
    yo rezumo de aquí
    escucho el sonido de automóviles que cortan un LP
      matutino
    la bruma   lame las alas mojadas de pájaros
      muertos en un cartel
    la madre leona que duerme toda la noche en una
      pila de basura
    desganada mastica de nuevo su desprecio por los
      humanos

el espejo se cansa de
la ilusión de los vecinos que se lavan entre sí
    una calle aspira la nada desde la punta de un
      pequeño pulgar rojo congelado
    que se acurruca bajo la lluvia y otea hacia los
      autobuses lejanos
    el pulmón que baila en agripada música

tosen   los fantasmas desnudos bajo el ocasional
  rayo de sol
la calefacción en su punto más débil es resaltar un
  hogar frío
  estoy paralizado aquí

quién es el espejo de quién   un corredor como el
  mundo muy largo para ser atravesado
desde todas las casas una ventana ve el océano partir
la muerte   una pared colgada con fotos de muertos
el cambio   que solo entonces puede ser completamente
  inmutable
  en el rincón enfermo de la madre un manojo de
    pasto plateado al rojo vivo
  acercándose al niño que ilumina el mal
  se esconde tras una puerta   todavía estás en el
    sitio
  la luz de la lámpara alcanza   un globo ocular
    correoso en el olor medicinal del alcanfor
  eliminado   este único lugar

  tan lejos como la piel
  aprendo indolencia de mí mismo
  escucho atento una gota de sangre que no puede fluir
el mercurio   colapsa cuando es remachado
habla mientras colapsa   encuentra la multitud después
  de hablar
  la forma que alquilo a esta dirección

casa que se mueve hacia el nombre   nubes
    visitantes que se mueven hacia la tarde
hojas caídas   son todas innúmeras

aquí   el espejo en su centro silente
aquí   soy mi propia lejanía

UN LABERINTO QUE CRECE GRADUALMENTE

—Incesantes olas del río rodando, rodando.
DU FU

los días traen la muerte   o la muerte ha revelado los
  días
este es de nuevo ese día   techo empapado que se
  ennegrece
el mármol se oxida   en un incendio alguien cruza esta
  noche suya
entonces hemos llegado
    el pasado   en la cama un charco de tiza
      desbordado con tu sexo
    las plásticas arañas bebé trepan los árboles
    los pezones que esperan en vano un par de candelas
      derritieron mil años
    más apasionadas que el cielo de arder rojo   de ser
      colgado

el momento de oscuridad   o la oscuridad expresada
  por el momento
hemos llegado   los huesos desmantelados
    afirman   lo que una sierra memoriza
      repetidamente
    tu libro desnudo   escala dientes

la escalera suave de las lágrimas escala el vacío al
fondo de los ojos
la placenta de esta noche   que afirma
el momento necesario para las peores
noticias   dolor   que afirma la raíz del tiempo
cuánto daño podemos todavía almacenar

esta es de nuevo una noche cuando los brazos se
extienden hacia la chimenea
brillantes lenguas doradas   anudadas por el sonido
del viento
el vidrio tiembla   interminables biografías de nubes
oscuras
el hombre se sienta en eventos pasados   o las bestias
salvajes de eventos pasados alcanzan al hombre
hecho polvo como el pasado   o despiadadamente
destrozado por el pasado desde dentro
milenarias estaciones lluviosas te llevan hacia ellas
no más miedo   una tierna hoja verde en alas de
cemento gris oscuro
el sexo grupal que abandona un rostro
la historia limpia los supuestos y es sinterizada en
una horrible eyaculación

nuestras diminutas gargantas
bloqueadas en   un grito tardío de auxilio
se arrojan a la pared
afirman   que solo hay pasado bajo la traslúcida piel
quien llegue a su propio imposible entonces ya no pasa

limitado en la única muerte
utilizas el color de la carne para condensar el
hambre del océano
las olas   se imaginan

este momento   el hecho del aborto involuntario
el suelo asesino ha llegado   ninguno de los muertos
resistirá

UN LABERINTO QUE CRECE GRADUALMENTE

—Incesantemente viaja un millón
de millas de melancolía otoñal.

Du Fu

la ciudad explora la postura lírica   reviste una gota
    de sangre
luz solar paralela en las cebollas y el uniforme de un
    cartero
la ciudad es inmortal   como la diminuta realidad
    de todos
      esas caminatas en el espacio
      caminan en casa   una escala de hierro para
         incendios deja caer sus orejas
      a las ocho y media   los terroristas bombardean
         a tiempo migajas de pan
      a las doce y media   un despertador espástico
         reverbera en el estómago
      a las siete de la noche   un avión plateado brilla
         como un broche ebrio

se hunde profundamente en un segmento de
    azul   retórica diaria de la ciudad
la puerta oscura entre sábanas y cobijas

el dorado tacón de un zapato olvida que es una isla
en sí mismo
en el ojo único de la primavera entran y salen diez
mil flores de durazno
un puente sobre los restos del té de la tarde
un condón lleno de agua cuelga de la boca de un
niño
rostros de cajeros bronceados llenos de consignas
de mierda de gaviota
esas risas   hacen una cita con la lluvia barata

seleccionan en tiendas de segunda las oraciones más
antiguas que ellos mismos
tu viento silba a través de percheros de vértebras
cuidadosamente lamimos   los uñeros de los anzuelos
la existencia impasible de una mandíbula transparente
un miligramo de oscuridad en la punta móvil del
segundo
estrellas que apuñalan en la edad brillan con qué
corriente eléctrica   qué tranquilizante
qué erudición la deja desnuda para la vagina
dormida
la una de la madrugada   dos piernas del horizonte
están tan cerca como para asirme
entre ellas
las tres de la mañana   la esperma que vive en
surcos húmedos que recitan epopeyas

estos formularios de solicitud   pagarés   libros
contables

impuesto ángel   comida veterinaria
vidas prudentes
la ciudad utiliza las mangueras de vasos
sanguíneos   enjuaga
ahora   el sustantivo que levanta la gaza de la ventana
en los pabellones

cuántas calaveras crean una mancha de aceite en
la almohada en un hotel pequeño
el encanto que la vida no puede posponer
convierte la falta de sueños en poder

el alto   cero elegante   la cumbre del estilo
que conduce al puerto del cielo

UN LABERINTO QUE CRECE GRADUALMENTE

—Trepando solo este balcón
en años de enfermedad.
DU FU

negarse a sí mismo es negar una época   un lugar
negar que esta no es la cabaña de Du Fu   de cuarenta y
  dos años
Calle Holmleigh en la dinastía Tang
    negar   la distancia de la locura a la locura
    los poetas   desesperado material de enseñanza
      para ellos mismos
    este sudor de madre derriba el techo
    da a luz al tañido del domingo
    manos cubiertas de caracoles después de la lluvia
    a tientas en el peligro post-mortem del mar
    el mar desuella y monta los huesos blancos

un trozo de porcelana se desliza hacia las órbitas de un
  pájaro
niega que un balcón empedrado no fluye veloz
    la poesía   desesperado material de enseñanza para
      poetas
    los cuerpos que hacen el amor en la hierba nos
      hacen comernos con los ojos mientras   los
      evitamos

la guerra   se retuerce como las flores bajo las tijeras
una barca de refugiados parte de un útero marchito
una chimenea roja registró todas las tormentas
artificiales en el cielo
niégalo   entonces ya lo has admitido

ninguna cosa que no es un crimen preservado por bebés
ningún tiempo que no es psicología empapada de sal
ninguna dirección   puede separar la migraña
universalmente presente
inclínate hacia   a los cuarenta y dos   un árbol en la
ventana que no niega el rechazo
así que entra en una dinastía Tang que estalla en
flores blancas en las esquinas
así que bebe una gota de agua de Londres siete veces
excretada antes de llegar al mar
presiona las yemas de los dedos de la muerte
presiona para tocar   el único timbre de marzo
pesada red de camuflaje de hojas escucha un cadáver
separar el suelo extranjero

niega   cada lugar nativo que muere ahogado en poesía
de sí mismo a sí mismo
no niegues el carácter de la destrucción
ningún rostro puede negar   los altos alcances de una
seta
pensar perfora agujeros en una calavera plateada

ser inundado implica un sorbo de vino en las
escaleras

ser recordado por un biógrafo hace mil años implica
que escribir   ha escrito nuestra enfermedad

un espejo que pierde su reflejo   por siempre renace su carne
y para siempre   significa nunca

TERRENO REPETIDO

muerdes   una telaraña de color sangre dentro de tu
cuerpo
eres más cuidadoso que las arañas
que pican detalles invisibles en la oscuridad

al ayer siempre le falta una gota de solución fijante
las fosas nasales huelen   la luz solar va muy lejos en
la textura de ropa vieja
una autobiografía acumula el tóxico del tiempo

muerdes   una araña atrapada en telarañas de color
sangre
tan cálida vive entre los muertos
una aguja de días pasados hilvana las cenizas cetrinas
de huesos de la madre

así que como el claro de luna   eres más cuidadoso
que las arañas
masticas el capítulo sin palabras de un hospital
los muertos saben que la posición de la ausencia no
puede ser abandonada

una autobiografía acumula el tóxico del tiempo
la luz solar   cuanto más lejos más conspicua

los detalles de un escritor venenoso en la oscuridad
las arañas   la historia del remordimiento de la araña

esta mañana un estallido de trino de pájaros
se relaciona con esa persona atada y olvidada en un
    pantano
abatida viva por mosquitos en una noche

la consanguinidad cetrina que las madres vomitan sigue
    embarazada
tan cálida vive entre los muertos   miel de antiguas
    baladas
recoge los gritos miserables de tus recuerdos de haber
    sido amado

así como los vítores de niños que lanzan un gato a
    la pared   los muertos saben
sobre una cuerda grasienta   tus restos te tientan
    a acercarte arrastrándote
las arañas se lanzan sobre el futuro con garras de tigre
    cortadas

COMEDIA CONSTRUIDA

los muertos saben que esta posición está vacía y no se
puede abandonar

al pie del acantilado   las tiernas hojas verdes abren una
silla dorada
en un jardín   un hombre se sienta y despoja los
nombres
un trozo de grasa blanca como la nieve se sienta y
despoja al hombre

el fútbol   punto muerto de la primavera

los muertos saben
en grasa blanca como la nieve se asienta el putrefacto
miedo a la suciedad
se despliega la línea de siete caracteres
una situación de limpieza general

las cuatro extremidades quietas como una plataforma
del pijama mercerizado de barro aún sobresale una
clavícula femenina
las bolsas de basura todavía cuelgan de los perales aletean
y gimen como cometas
aún   ansían locamente otra forma de vida

las fosas nasales   toman el azul brillante de las estrías
del cañón de una pistola
el cementerio   muestra una antigua hilera de antiguos
vacíos
yacen bajo la luz solar de un cielo muerto

se despliega la línea de siete caracteres
una forma de desaparecer

acepta   un canal de comida que lava los incontables
labios escarlatas
acaricia   las avispas de criadero que pican a los
masturbadores
perdona   un lavabo de agua de baño donde la esperma
se escalda hasta morir
solo al pie del acantilado hay vendavales   raspan los
órganos de los sentidos paralelos
siete horizontes
definen siete tipos de olvido

más muertes no pueden todavía completarse un día del
juicio final
más carne picada todavía no es suficiente para llenar los
deseos engullidos por un discurso
mil noches lluviosas todavía no desbordarán esta lluviosa
noche mal escrita

no sin-persona   solo no-persona singular
el pavor putrefacto de lo sucio cepilla con todas sus
fuerzas la soledad de un sanitario público

el jardín transportado nuevamente por un bus público de
color llama
cada maleta de cuero vivo de color carne derrama una
vez más
el conocimiento de la muerte
cuatro estaciones envenenadas se originan otra vez

la línea de siete caracteres este cielo iluminado
por estrellas
se libera absolutamente del tiempo

una calavera de fútbol recibe patadas sin cesar hacia el
transparente vacío del espacio

no existe tal posición incluso al pie del acantilado
el acantilado de grasa blanca como la nieve incluso sin
fin
un océano cruzado nunca usó la diminuta cabeza de un
pájaro para reunir años luz
reitera la adversidad de ser recogido

no es un personaje extranjero
esta falta de carácter rompe cinco dedos
pictografiados

los muertos conocen el camino nadie tiene
oportunidad de partir

CONVERSAR

CONVERSAR

un reloj de pulsera excavado del suelo hace tictac
la muñeca   desaparece
está cronometrada

marcas extranjeras de tenis
vacían los dedos de los pies

entra   en   una gota de sangre

que gotea   tic   tac

ser asesinado   descomposición   intercambiada

sonrisa de   arcilla
amapola   rellena de rojo y negro
agujeros de bala   ostras

acoge el braille
eleva   una araña conmovedora

gotea   tac

una pequeña brocha aún más blanda no puede despertarse
el sexo durmiente hundido profundamente el uno en el
otro

trae el tiempo nuestro
tiempo que la batería tartamudea
al otro lado deslumbra la luz verde del radio

llega

desenterrado
los pájaros negros deslizándose

arqueología del presente

SOY

llan to de tu fin
fe son ban dos mi
pus mu sa sin ti
mo tín si dor mir
el chal san gró

ca e tuan ti faz
es que cru je el pan
no sé bu ches sal
co rrí mehe rí fan
pis que sal tó

INTERROGATORIO

ya sea o no   la muerte profunda como la forma de una
cámara

¿es la tormenta de niños conducida de nuevo a la esquina
de la carne?

¿quién practica la crueldad en un piano?

revisa   el océano brutal de diminutas silabas

¿por qué los niños conducen la edad de brillantes colores
que es una avalancha?

sí   la música convierte a los humanos en un idioma
extranjero

o no   pausa la ventana   deteniéndose en la
mortalmente pálida frecuencia de la luz solar

dónde   qué mano escribe la guardería en llamas en el
cielo

página de partitura   cómo demuele todo a diario

cinco dedos   cómo encierran a los compositores

qué puede escuchar una habitación   en centros
  infantiles oscuros

¿quién   de   se   a   lo   ca   men   te   lle
  gar   a   ce   ro?

el más débil   ya sea o no   más profundo en el dolor
  oculto de una cuerda

cielo aguado de tinta   niños muertos
  corren   dis   tan   cia

MENTIRAS

belleza sin hogar
belleza   sin hogar   sin su
color   sin hogar posible   ¡de vuelta a casa, oh!   di
amarillo rojo azul blanco negro su rüpa vedanä samjña
    samskära viñjära
puntaje martilleo pie cardumen pinta rebaño partitura
    hoja llave volumen graznido sondar dracma
super al con icio mono ante ismo per inito algia cracia
    intra ana sin pro ción per
di golpe bebida juego sonrisa come toca dispara vuela
    coin-ci-de   pisci-tate   hip-notizar
morir atender aclarar la espuma en un vaso de cerveza
la piedra toma en préstamo   la experiencia
    enmascarada
el hogar   sin   su   belleza
es verdadero

OBITUARIO

esta fecha se traduce en nuestra carne y nuestra sangre
las yemas que corean
la música excavada

el concierto   confirma los oídos
la luna llena   confirma
sin actuación   sin desvestirse   sin techo

corta los párpados de las estrellas

las costillas rosadas
resuenan   negro

esta fecha castiga el día que no existe
una traducción cuidadosamente escucha
que desapareció   que nunca abandona el dolor

esa colectiva   la pierna izquierda

la garganta
recuerda

los tiempos verbales de expresiones faciales
iluminan   nuestro   estanque   de flores

al otro lado   deslumbra la luz verde del radio

tantas

muertes   impotente para sobrepasar un número

sílabas

las dos manos ahuecadas sostienen gusanos
que se retuercen   la sinopsis del hombre

pasa

confirma   que no hay pasado
el mismo lado   instrumentos musicales que aplauden
una tormenta se apresura a pasar por el concreto

CONOCIMIENTO

PROTOS FOTOS NOESIS EPOS LOGOS ANTHROPOS GNOSIS TROPOS

ANTHROFOTOSPROT

POESÍA

cero
la fecha se detiene en un momento peligroso
se traduce como
el arte de perder sangre desde un minúsculo corazón
límites entre gota tras gota de agua
comparado con la historia
el borde de la llamada del pájaro
Dante yace en Ravena
el lugar donde se originan las nubes
reloj de pulsera desenterrado que se lleva puesto
en la calle Sarajevo
oscuridades plurales
los niños componen música
hueco entre las nubes
mármol rojo en rodajas
dolor que aferra las manos
el crepúsculo   se retira de las ventanas
hojas   que mordisquean su propio verde
para disparar por la espalda al edificio del otoño
lingüística
acomoda la realidad
lenguas de fuego
lamen la parte vital del amor

una secreción interna   nos tambaleamos
Dante su espalda cubierta con agujeros de balas
de voces de niños
yacemos en el fondo del mar
para ser el lector de orquesta de la ejecución
por cero convertido en
lo que parece un cero   un oscuro índice que
apunta al chino
este segundo
lo que no es poesía

TIERRA

TIERRA

la muerte   reduce las repeticiones a una sola vez
a noche tormentosa
se hunde en doce espejos
un prado limpia estas oraciones

los cisnes   una biblioteca blanca como nieve
doce catálogos pasean
en las botellas femeninas de plata
claro de luna   olas rugientes

no puedes ver
la siesta dorada de la tarde en ojos de nácar
septiembre inscrito de palabras   tan profundo como
    un rostro
hablas   entonces debes existir

bajo los pies   una habitación a prueba de sonido se
    abre de par en par
doce bordes reflejan a los visitantes
un zoológico de cristal
de un lejano susurro intergaláctico

la vez necesaria
al menos   en el espejo
los dioses al revés
sin tu carne y tu sangre sombrías

ALTAR

un pensamiento corta el piso
la sierra eléctrica   hace eco de la luz solar
incrustada de tu palma

una catedral de oro
se desliza horizontal
el tiempo que creas   una pieza de porcelana blanca

el verano incrustado en una senda de carne
el amargo olor a hombre en cuarteles abandonados
la campana muerta no lograba despertar   la modorra
    de la pequeña ciudad

los campos de trigo que se mueven hacia las ventanas
el horizonte resalta tu ritmo ennegrecido
una revolución barnizada de púrpura

un dios ensordecedor retorcido en firme al otro extremo
    de un cable
la geometría que refuerza sombras
vivir   conocido como

uno   incrustado en
cualquier línea única en la seda de una palma
que crea su propio día del juicio final

GAYA

el hombre es un boceto
latidos de arena   un sueño fatal
más reticente que una habitación
el océano se filtra por la hermosa cintura de un vaso
más ignorante que la luz   más como una sola noche
    que el amor

el idioma te da el asunto
la arena te atrapa en cámara lenta
un par de pequeños pechos danzantes
se niegan morir en la muerte
cuanto más delicado se representa un momento   más
    corto se vuelve

cuanto más una ventana esplende entre las piernas se oye
una copa de vino en la casa vecina
mentiras   te enseñan
crean una oscura verdad en tus ojos
el patrón del océano colocado sobre un objetivo no humano

más conocida la destrucción que las garras de pájaro
en sueños   bajo la piel dorada un murmullo
el grano de
inalcanzable incluso por el dedo más bello
arena

TUMBA

el silencio de la tarde es como un espacio vacío entre
    bastidores
el calendario no reconocerá esa capacidad
un boleto rojo   vendido
te permite entrevistar a tus propios órganos andrajosos
una sonrisa   blanquea una ciudad bombardeada
la sangre posee una velocidad irreconocible
que embiste en el nervio pétreo de un disparador de flash
agranda   el túnel en un sitio

el funeral es solo   parte de la belleza
justamente brillante como la esquina de esta tarde
para exhibir tu vacío
una parte que ni siquiera el crepúsculo puede curar
sin el aplauso de la audiencia   merecido
las flores en una foto   que no temen el desgaste
un mito ha sido temiblemente rectificado
el mundo   no puede tolerar los mitos

LUGAR

los dientes de una pequeña criatura se burlan en secreto
el yeso adivina tu edad

bajo la lámpara de sol sin sombra
la carne es un otoño de nieve inmaculada

la blanca-nieve renueva las flores pélvicas
cargadas nubes de corazones cuelgan por toda la habitación

cera de vértebra
cuándo es fuego cuándo es lágrimas

qué sueño   es soñado en el ojo público
un gancho sangriento tentador de tiburones

mientras más incompleto eres
el yeso   el más fiel al imaginar

un procedimiento quirúrgico sustrae un cadáver de una
    multitud
una despedida   plagiadores llenan la calle

el yeso   echa raíces
una trampa entre tus pechos resume la oscuridad

nadie traiciona esta noción
no hay destrucción   prometida por adelantado

conjunto de formas   como este taller
cada día   produce la misma clase de sólidos
    blanca-nieve

RUINAS

el hastío   ha preservado una mariposa secreta
tú que te sientas junto a la ventana del crepúsculo
únete al panorama que oscurece
una pera congelada
despliega nubes oscuras   embiste un diminuto balcón
la esperada venganza   del otoño

mantente lejos de   las piedras blancas lustrosas que el agua suaviza en la estación
los muertos son los únicos que no traicionan este poema
tu   tren de viñedo
sale a la espesa niebla terminal
el ancla de esta noche pesada desde un cuerpo
saborea   una dulce venganza

escribe de memoria   la pasión que no puede seguir derrumbándose
eres conducido a este rincón muerto
un puente   no puede romper lo que ni siquiera tiene palabras
tú cuya oscuridad garantiza tu falta de lugar
siéntate aquí   espera hasta obtener
tu propia venganza atesorada hace mucho

POESÍA

cero
reduce la muerte a lo común de una vez
se repite
el jardín en los pensamientos de los muertos
resta al sujeto
somete un pasto de vello púbico dorado al
cortacésped
sin tiempo verbal
sobre la telaraña de pelo vuela
se mueve
ópera de perro solitario
moviéndose
el talento inmortal de un niño para pisar una flor
llora
y así llora sin cesar
la losa que cubre el rostro de un poeta
en la ilimitada
arroja pájaros lejos de un útero
locura
arroja a un loco
entierras el órgano de la boca
el jardín
una gota de tinta cegadora brillante en el
pensamiento de los muertos

completa
        sutura
una
        madre   diez mil rosas de carne se forman
situación
        sin escribir   ya murieron juntos
todos son una obra vieja
        huelen la podrida solapa de un libro
se repite
        el cero anoche en frenética imaginación
ya no posible
        entonces eso es poesía

PULGADA

PULGADA

l de lamentación
una vez contenido
  en la piscina de inmersión de color
la conmemoración ya no
el caballo muerto o la cima de la belleza
el viento   que aúlla

TIEMPO

desaparecer o pensar   la misma dirección

solo   donde   la luz solar se separa del cuerpo
campana o nula   el mismo pensamiento   redondo
tres años   ahora mil otoños
que no viven

solo   la conmemoración se torna
donde   el agave revolotea

EMPUÑA

el dañado   de la misma forma
el cuello encantador como un verso inconcluso
el cielo que actúa como el primer plano azul tanto

palacio iluminado por el claro de luna en una canción
  emplumada
vivir u odiar   ambos muy tediosos
aun si el cuello es tan encantador como
antes de los caballos o en la pendiente
incluso si nuestra propia media línea   se despierta con
  dolor

historias   no por casualidad
g de
gracia

SÍ

las palabras fueron   jade hastiado   sonido
  vibrante   libra redonda   línea oblicua
intermedio   o ausencia premeditada
mesa idéntica
una nube mira

las palabras   yacían bajo una ceja de porcelana blanca

las campanas empapan la lluvia   los fantasmas
no tienen fuerza para ir más allá

conmemoración   fueron muertos una vez aún no
insomne el cuerno tocado
corteza blanca   fueron inagotables pájaros ardientes
tres años ya   pensamiento de fantasma
la lámpara gira la cabeza

desaparece   luna en eclipse

DISPARA

el verde   si no son árboles solo son ojos
el amor es

tres años   un poema escribe sin fin su propio final
hasta octubre que implica

desaparecer   exponer
desgarrador dolor de período de ventanas brillantes por
    la nieve
río de sexo con ojos vendados   miserable deslumbre
esta palabra   puente   acaricia nuestros tres años más
    encantadores

mira   la hueca almeja carnosa del día de San Valentín

así que el crepúsculo implica una cocina laqueada de
    amarillo
la falda que no puede vestirse por su color dorado
en un pequeño hotel una cama de imaginaciones
    lujuriosas
a tono con la poesía
piensa hasta el final   hasta octubre
mira la felicidad llegar así de fácil

como las flores caídas   que acaban de florecer en los
    ojos de los muertos
como ojos y poemas que escapan

BUSCA

el futuro   atado a los huesos como una palabra
  funcional
aunque sea solo para eliminar un poema de la realidad

los ejércitos imperiales se niegan a avanzar
los caballos de viseras hermosas en atuendo marcial son
  montados hacia
una nevada de adjetivos

un árbol cargado de manzanas estacionarias
incluso el emperador está desconcertado por los
  sustantivos arqueológicos
beben té   el papel blanco ligeramente envejecido
    las apariencias
parecen   la tarde   los números son campos de
  reunión
el viejo jeep de estrellas retrocedido por alguien otra vez
la resta   organiza un trozo de cristal entre los árboles
    restado a más

de círculos   oscuros
de cero   un cuello roto
libera   a los niños

esperanza o inflamación   la misma campana eléctrica
suena a través del aula de carne
país en una botella o la hibernación   se coagulan en
morado y café
la lengua   que cae entre dos verbos
inmóvil   la suma de la destrucción nunca ha sido más
que una persona que vuelve

POESÍA

nula
desaparece a los tres
palabra
tres otoños cruzan la linde
lejos
tres veces   hacia la luz los pájaros irradian
sombras medicinales
de
Dante es rechazado por una llave
si
desaparecer es pensamiento
misma
lo que no puede ser redimido   se guarda para
formar el siguiente verso
su propio
que corea la nada amarillo-marrón
cuento
vacilante   el sendero del pueblo natal muerto
señalado por los rieles
pasado
tres capítulos   tres nubes más lejanas
con-
secreción

firma

las hojas caídas   millones de uñas escarlatas
  pintadas

que este

a recortar la partitura   existir no tiene límite
  inferior

segundo

que desaparece en la amada

poema

post-mortem   una bella historia

es

ÍNDICE

Yang Lian o «la realidad siempre se intensifica» 7

CAPÍTULO UNO

I 13
II 14
III 15
IV 17
V 19

CAPÍTULO DOS

Hasta 23
Entonces 25
Ya que 27

CAPÍTULO TRES

Quien sea ruina abrirá de par en par el cráneo dorado.. 31
Fue 34
Enero de los muertos 36
7 Mulinen Strasse 38
Carta de medianoche 40
El jardín de la transmigración 42
La vida esta palabra 43

X 45
X 47
X 49
X 50
Es 52
Enero de los vivos 54
La soledad de Schloss 56
Carta de medianoche 58
La trasmigración de los jardines 60
I. Puerta de plumas 62
II. Rondó y contrapunto 66
III. La Torre Capella 75
Suelo construido 80
Comedia repetida 82
Un laberinto que crece gradualmente 85
Un laberinto que crece gradualmente 88
Un laberinto que crece gradualmente 91
Un laberinto que crece gradualmente 94
Terreno repetido 97
Comedia construida 99

CONVERSAR

Conversar 105
Soy 107
Interrogatorio 108
Mentiras 110
Obituario 111
Conocimiento 113
Poesía 114

TIERRA

Tierra 119
Altar 120
Gaya 121
Tumba 122
Lugar 123
Ruinas 125
Poesía 126

PULGADA

Pulgada 131
Tiempo 132
Empuña 133
Sí 134
Dispara 135
Busca 137
Poesía 139

Esta primera edición de *Círculos concéntricos* se acabó de imprimir en Madrid, el 25 de noviembre de 2024, día que nació Lope de Vega (1562).